AF244370

MARAT

SA MORT, SES VÉRITABLES FUNÉRAILLES

D'APRÈS LES DOCUMENTS EMPRUNTÉS

AUX ARCHIVES DE LA PRÉFECTURE DE POLICE

PAR

PAUL FASSY

MEMBRE CORRESPONDANT DE L'ACADÉMIE IMPÉRIALE DE REIMS

DEUXIÈME ÉDITION

PARIS

A LA LIBRAIRIE DU PETIT JOURNAL

24, BOULEVARD MONTMARTRE

1867

IMP. DE F. DONNAUD, RUE CASSETTE, 9.

MARAT est un fragment de l'*Histoire de Paris sous la Terreur*, le tableau des vingt mois qui se sont écoulés depuis l'assassinat dé l'*Ami du Peuple* jusqu'à l'heure de sa dépanthéonisation (*sic*).

Cette étude était destinée au *Petit Journal*, et devait faire suite aux CATACOMBES DE PARIS, notice historique, parue en juin et juillet 1863. Des raisons particulières en ont arrêté la publication à cette époque.

Nous la donnons aujourd'hui telle que nous l'avons conçue, en lui conservant sa forme anecdotique et pittoresque.

Son but est la rectification d'une grave erreur historique.

Puisse, ce travail, être accueilli avec l'indulgence que l'histoire impartiale ne saurait accorder au sanglant proconsul qui en forme l'objet !

Paris, Juin 1867.

NOTE DE LA SECONDE ÉDITION.

La bienveillance extrême avec laquelle la première édition a été accueillie nous a fait un devoir de corriger celle-ci avec soin, et de l'enrichir de nouveaux et précieux documents.

Août 1867.

MARAT

SA MORT, SES VÉRITABLES FUNÉRAILLES

I.

Le samedi 13 juillet 1793, entre sept et huit heures du soir, une femme vêtue à la façon des bourgeoises aisées du pays de Caux, sortait de l'hôtel de la Providence tenu par la citoyenne Marie-Louise Graulier, rue des Vieux-Augustins.

Sa marche était rapide.

Arrivée à la hauteur de l'ancien Théâtre-Français, elle se dirigea vers la rue des Cordeliers (1), et pénétra, malgré les efforts de la portière Barbe Aubin, dans une maison qu'elle semblait parfaitement connaître.

— Je désire obtenir une audience du Citoyen Représentant, dit-elle à une femme d'aspect peu avenant qui lui refusait aussi l'entrée. Je suis déjà venue inutilement ce matin; j'ai écrit un billet que vous avez dû remettre, et j'en attends la réponse..... Veuillez, je vous prie, faire passer cette nouvelle lettre :

« Je vous ai ecrit ce matin » **Y est-il dit** « aves-vous reçu ma
» lettre puisje esperer un moment d'audience si vous l'aves
» reçue jespere que vous ne me refuserés pas voyant combien la
» chose est interessante. »

(1) Actuellement rue de l'Ecole-de-Médecine, au n° 20.

(Il s'agissait de révéler les complots médités à Caen contre la patrie.)

« Suffit que je sois bien malheureuse pour avoir droit à votre » protection. »

Le message était resté sans réponse : l'insistance devenait inutile et l'inconnue allait se retirer, lorsque l'ordre de l'introduire sortit d'un cabinet voisin.

Dans l'antichambre, le commissionnaire Laurent Basse, occupé à plier des journaux, avait assisté à la scène.

Quelques minutes s'écoulèrent...

Soudain un cri déchirant se fit entendre :

— « A moi, chère amie, à moi... »

Laurent Basse entre précipitamment. Il voit tout, saisit une chaise, en frappe la visiteuse à la tête et appelle du secours.

Jeanne Maréchal la cuisinière, la gouvernante Simonne Evrard arrivent à leur tour.

Un spectacle horrible s'offre à leurs yeux.

Un homme, la tête enveloppée de linges, est là, dans sa baignoire, dont l'eau se rougit du sang qui jaillit d'une profonde blessure. Sa poitrine est couverte de dartres et d'ulcères.....

Il ne prononce pas une parole... Ses traits livides sont déjà décomposés.

— « Au secours... à la garde ! » crie la portière Barbe Aubin, accourue aux premiers bruits.

Le chirurgien-dentiste Antoine Delafondé, principal locataire de la maison, arrive. Il se met en devoir

d'appliquer une compresse pour arrêter le sang et ordonne d'aller aux Écoles de chirurgie chercher im-
médiatement du secours.

Avec l'aide de quelques voisins, il retire le blessé de
sa baignoire, le porte sur son lit, lui tâte en vain le
pouls et prodigue les soins...

Il était trop tard... **Marat** était mort !

L'appartement retentit de sanglots et d'imprécations.
Charlotte Corday est maintenue près du rideau de
l'antichambre par Catherine Évrard, sœur de Simonne,
jusqu'à l'arrivée de Cuisinier, patriote de service au
poste du Théâtre-Français qui conduit la fanatique
à l'Abbaye sous bonne escorte.

Le bruit de la nouvelle se répand dans Paris avec
la rapidité de l'éclair.

Les patriotes s'assemblent sur les places publiques ;
Les clubs délibèrent ;
La Commune est dans la stupeur ;
La douleur est générale.

À la Convention, l'ex-capucin Chabot monte à la tribune et raconte l'événement.

David, interpellé, promet de conserver à la postérité l'image du grand citoyen, de l'incorruptible ami
de la Révolution et du peuple « qui s'est constamment
» sacrifié pour la liberté », de même qu'il l'a fait pour
le « vertueux Pelletier Saint-Fargeau, mort pour la
patrie » !

Les clubs envoient des adresses à l'Assemblée.

La section du Théâtre-Français demande le corps du martyr ; celle des Cordeliers réclame son cœur pour le placer dans le lieu de ses séances ; quelques autres sollicitent son transport au Panthéon à côté de Pelletier, son ami.

Les députés De Perret et Fauchet sont arrêtés comme complices de Charlotte et des Girondins, et l'Assemblée décide qu'elle assistera aux funérailles.

Maure et David sont nommés commissaires.

Tout se prépare pour la cérémonie qui doit avoir lieu le 16.

II.

Pendant ce temps, Charlotte est traduite devant le *Tribunal criminel extraordinaire.*

Convaincue « d'avoir assassiné Marat avec prémé-
» ditation et dans des intentions criminelles et con-
» tre-révolutionnaires », elle est condamnée à mort à l'unanimité.

Ses biens sont confisqués au profit de la République.

Défendue avec tact par Chauveau-Lagarde, ancien avocat au Parlement, elle donne à son défenseur un témoignage public de reconnaissance dans la lettre suivante qu'elle écrivait au moment où le bourreau vint la chercher, et qu'elle dut demander à ce dernier la permission de terminer et de cacheter :

« *A D..... P.........,*

» D..... P.......... est un lâche d'avoir refusé de me défendre

» lorsque la chose était si facile. *Celui qui l'a fait* s'en est acquitté
» avec toute la dignité possible ; je lui en conserverai ma reconnais-
» sance jusqu'au dernier moment.

» *Signé* : Marie Corday. »

Charlotte s'attendait à ce refus : elle le déclare dans
le mémoire qu'elle adressait le 16 à Barbaroux, après
avoir dit qu'elle avait « pensé à demander Robes-
» pierre ou Chabot » comme défenseurs !

Un prêtre se présente :
Elle repousse les consolations religieuses qu'il lui
apporte.
— « Remerciez de leur attention pour moi les
» personnes qui vous ont envoyé, » dit-elle au ministre
de la religion, « mais je n'ai pas besoin de votre mi-
» nistère. »

Le dernier moment de Charlotte était arrivé.
Accueillie par des huées et des applaudissements
à sa sortie de prison, elle monte sur l'échafaud avec
calme, disent les sources officielles auxquelles nous
empruntons ces détails authentiques :
« Son visage avait la fraîcheur et le coloris d'une
femme satisfaite. »
Il était six heures et demie du soir !

La justice des hommes a été accomplie ; celle de
Dieu et de l'histoire commence.
Un ouvrier charpentier, nommé Legros, employé
par l'exécuteur des hautes-œuvres, saisit la tête sanglante et déjà décolorée de Mlle de Corday, la montre
au peuple et lui donne plusieurs soufflets.
« Cet inconcevable enthousiasme », selon l'expres-

sion du bourreau qui réclama énergiquement contre cette lâcheté qui lui avait été attribuée, est accueilli avec indignation. Son auteur reçoit une juste punition du *Tribunal de police*.

Le cadavre de la victime, après avoir été visité par deux médecins qui constatèrent sur lui les indices de la pureté, fut enseveli au cimetière de la Ville-l'Évêque, près la Madeleine (1).

(1) C'est dans le cimetière de la Ville-l'Evêque, situé alors rue d'Anjou-Saint-Honoré, que furent inhumés Louis XVI, Marie-Antoinette, Madame Élisabeth, Philippe-Égalité, père du roi Louis-Philippe, les vingt et un Girondins exécutés le 31 octobre 1793, Hébert, ex-rédacteur du journal *le Père Duchesne*, Cazotte, Mme Dubarry, Fabre d'Églantine, le capucin Chabot, Camille Desmoulins, Hérault de Séchelles, Danton, les présidents au parlement Bochard de Sarron, Gilbert des Voisins, de Gourgues, Molé de Champlâtreux, Lefèvre d'Ormesson ; le conseiller Desprémesnil, le ministre Lamoignon de Malesherbes, Mme de Rosambo sa fille, M. de Chateaubriand, la duchesse de Choiseul-Grammont, les comtesses de Béthune Charost et de la Tour du Pin, le duc de Villeroy, l'académicien Lavoisier, MM. de Loménie, de Lévis-Mirepoix, Anacharsis-Clootz, de Nicolaï, d'Arlincourt, E. Poisson, de la Porte, etc., etc..., et les restes de près de 1300 autres victimes de la Révolution, mises à mort à la place Louis XV, du 26 août 1792 au 13 juin 1794.

Un square existe actuellement sur les terrains qu'occupait le cimetière ; au centre s'élève la *Chapelle Expiatoire*. Il faut dire avec le savant M. de Guilhermy, à la louange de la population parisienne, que le pieux édifice a été constamment respecté au milieu des révolutions et des guerres civiles.

Le 21 janvier 1815, les restes de Louis XVI et de Marie-Antoinette ont été exhumés pour être transportés à Saint-Denis. La plus grande partie des ossements que renfermait le cimetière repose actuellement au grand ossuaire des Catacombes. L'honorable M. Chéron de Villiers dit, dans son *Histoire de Charlotte Corday* (p. 412), que les restes de l'héroïne restèrent à la Ville-l'Évêque « jusqu'en 1815, époque à laquelle ils furent exhumés et transportés au cimetière Montparnasse ». Ce dernier cimetière n'ayant été ouvert qu'en 1823, comme succursale de l'ancien cimetière de Vaugirard, les restes de Charlotte n'ont pu y être déposés avant cette époque.

Marie-Anne-Charlotte de Corday d'Armans (1) était née de parents nobles, le 28 juillet 1768, à Saint-Saturnin-les-Vignaux, diocèse de Sées, département de l'Orne.

Elle était arrière-petite-nièce du grand Corneille.

Arrivée le jeudi 11 juillet à Paris, avec une lettre de recommandation de Barbaroux à Deperret, elle commit son crime le 13 et l'expia le 17.

Son dessein était de frapper Robespierre, Danton ou Marat.

C'est ce dernier qu'elle choisit, comme étant le plus coupable.

Quelles n'auraient été les conséquences de son sacrifice, si, au lieu de Marat agonisant, elle eût immolé Robespierre ?

Lors de son arrestation on trouva sur elle 50 écus en numéraire, 140 livres en assignats, une lettre adressée à Marat, un passe-port délivré le 8 avril par la municipalité de Caen, son extrait baptistaire, une montre en or, et dans son sein la gaine du couteau dont elle s'était servie, et une proclamation en forme d'Adresse au Peuple Français (2).

III.

La journée du 16, fixée pour l'enterrement, fut un deuil public.

______

(1) Il résulte de nos investigations auprès d'un membre de l'honorable famille de Corday, que le véritable nom est d'*Armans* et non d'*Armont*, contrairement à ce qui a été écrit dans ces derniers temps.

(2) Le couteau avait été acheté au Palais-Égalité. Il est conservé à Londres, chez Mme Tussaud, et se voit, ainsi que la baignoire de Marat, dans le *Cabinet des Horreurs*.

Les députations des divers clubs s'organisent en silence ; les *Sans-Culottes* s'abordent avec les signes les moins équivoques d'une douleur profonde et se racontent à voix basse les affreux détails de l'événement ; les *tricoteuses* projettent d'égorger Charlotte à sa sortie de prison et de tremper leurs mains dans « son sang impur » ; David entretient la Convention des derniers jours « de son vertueux ami ».

— « Envoyé la veille, avec Maure, dit-il, par la Société des Jacobins, pour nous informer de la position de Marat depuis quelque temps malade, nous le trouvâmes dans un bain dont il ne sortait presque plus, et que ses ulcères rendaient indispensable.

» Près de lui se trouvait un billot de bois sur lequel étaient placés de l'encre et du papier, et la main de ce grand patriote, sortie de sa baignoire, écrivait ses dernières pensées au Peuple Français.....

— » Hier, continua David d'une voix émue, le chirurgien qui a embaumé le corps m'a envoyé demander de quelle manière nous l'exposerions aux regards du peuple dans l'église des Cordeliers...... On ne peut découvrir aucune partie du corps du martyr, car vous savez qu'il avait une lèpre et que son sang était brûlé, mais j'ai pensé qu'il serait intéressant de l'offrir dans l'attitude où je l'ai trouvé écrivant pour le bonheur du peuple ! ....

» Un drap mouillé représentera la baignoire ; ce drap, arrosé de temps à autre, empêchera l'effet de la putréfaction déjà très-avancée.....

» Il sera inhumé aujourd'hui à 5 heures du soir sous les arbres où il aimait à instruire ses concitoyens.

» La Section du Théâtre-Français lui élèvera un

tombeau de gazon, emblème de la simplicité de sa vie, et de son vertueux désintéressement..... »

L'Assemblée partage ces émotions et adopte un arrêté conforme.

Caillières de l'Étang propose d'embaumer de nouveau le corps, de le conserver à quelque prix que ce soit, et de le porter en triomphe dans tous les départements :

« Que dis-je ! s'écrie-t-il, que toute la terre voie les restes de ce grand homme, de ce vrai républicain ! »

Le Citoyen député Audoin publie les vers suivants qui sont accueillis avec enthousiasme, et qui reçoivent les honneurs du journal officiel :

Ami du peuple et de la liberté,
Marat plaçait l'humanité
A poursuivre avec énergie
Les artisans du crime et de la tyrannie.
Républicains, Marat vivait
Pour faire triompher la vertu, le civisme
Des trahisons, de l'infâme égoïsme,
Et pour le peuple il écrivait,
Lorsqu'une femme abominable,
Empruntant la voix respectable
Et du besoin et du malheur,
Enfonça froidement le poignard dans son cœur!...
MARAT n'est plus! Arme-toi de courage,
Toi, son fidèle ami, peintre de Pelletier,
Redonne-nous-le tout entier.
Immortel sur la toile, il trompera la rage
De ces hommes d'État, de ces vils assassins
Qui, pour assouvir leur vengeance,
Voudraient, sur le tombeau du tyran de la France,
Immoler les Républicains!

Ces vers qui renferment de nombreuses erreurs sont

faux surtout pour les deux derniers. Charlotte n'était pas royaliste : elle était républicaine ! En assassinant Marat, elle crut servir son pays et le sauver de la guerre civile.

Dans les prisons, la mort de Marat a été apprise avec autant de stupeur que dans le public.

Les malheureux qui gémissaient sous les verrous semblaient prévoir les sanglantesreprésailles qu'allaient exercer sur eux les Terroristes. Ils composent au « *martyr* » cette ironique épitaphe :

Ci-gist Marat le bienfaisant
Qui nous apporta l'anarchie en régnant
Et la peste en mourant.

A. l'heure fixée, la Convention, la Commune, les clubs, une foule immense assistent dans l'Église et le jardin des Cordeliers à la cérémonie des funérailles provisoires. Les serments les plus affreux sont faits contre les tyrans, les persécuteurs du peuple et les aristocrates. Des imprécations s'élèvent jusqu'au ciel, et la foule, en se séparant, réclame pour *J.-J. Rousseau* et pour *Marat*, les honneurs du Panthéon.

IV.

David tint promptement la parole qu'il avait donnée dans la séance du 14. Il peignit les « *traits chéris du vertueux ami du peuple* » au moment où il venait d'être frappé, et il fit hommage à laConvention de cette toile, vrai chef-d'œuvre de peinture et de réalisme.

« C'est à vous, mes collègues, s'écria-t-il, que j'offre l'hommage de mes pinceaux ; vosregards, enparcourant les traits livides et ensanglantés de Marat, vous rappelleront ses vertus qui ne doivent jamais cesser d'être les vôtres ! »

L'Assemblée accepte l'hommage avec reconnaissance ! Elle rend « un décret qui ordonne à la Trésorerie Nationale de tenir à la disposition du Ministre de l'intérieur une somme de 24,000 livres destinée à la gravure et à l'impression des deux portraits de Pelletier et de Marat;

« Mille épreuves de chaque gravure seront distribuées aux représentants du peuple et aux députés, et le surplus sera déposé aux Archives. »

L'article VIII porte comme complément à tant d'honneurs :

« Que les tableaux, après avoir été placés dans le lieu des séances de la Convention, ne pourront être retirés, *sous aucun prétexte*, par les législateurs qui succéderont ! »

L'entraînement populaire ne connaissait plus de bornes.

Pour satisfaire à son impatience on expose sur un autel, pendant plusieurs jours, dans la cour du Louvre, les images vénérées de Pelletier et de Marat.

Au-dessous du buste du dernier on lisait cette inscription :

Ne pouvant le corrompre, ils l'ont assassiné!

Là, chaque Sans-Culotte vient rendre hommage au Dieu Marat.

Bientôt assimilé au Sauveur du monde dans un discours prononcé au Jardin du Luxembourg, on célèbre son culte avec des cantiques et des litanies :

> « *O cor Jesu, o cor Mara !*
> » *Cœur de Jésus, cœur de Marat !*
> » *O sacré cœur de Jésus, ô sacré cœur de Marat.* »

répète-t-on en chœur, et chacun sent son courage retrempé par ces burlesques invocations.

A diverses reprises, la *Commune* ordonne le sacrifice des dépouilles opimes de l'ancienne royauté en l'honneur de l'*Ami du peuple*. Sur les deux mille trois cent trente-trois tableaux emmagasinés dans le cloître des Petits-Augustins, et confiés depuis 1791 à la garde vigilante d'Alex. Lenoir, *six cents*, dits *Féodaux*, lui sont enlevés officiellement, et brûlés, soit à l'Abbaye, soit en place publique (1).

La destruction de tant de produits précieux de l'art, pouvait seule former un encens digne du nouveau Dieu !

Quant au cœur qui était revendiqué avec instance par le Club des Cordeliers il fut renfermé, par les soins de David, dans une urne en agate, la plus riche et la plus précieuse du Garde-Meuble ; et Robespierre, dont l'heure suprême allait bientôt sonner, prononça un discours à l'occasion des honneurs rendus à ce cœur..... souillé de tant de crimes !

L'enthousiasme s'était changé en délire.

(1) Ces faits que nous avions ignorés jusqu'au dernier moment viennent d'être établis par **M.** le marquis de Laborde, directeur général des Archives de l'Empire, dans son beau travail : *Les Archives de la France pendant la Révolution. (Introduction à l'inventaire des fonds d'archives, dit des Monuments historiques.)*

Les sentiments patriotiques si ardents et si vivaces dans l'âme des Français leur faisaient oublier les principes les plus élémentaires de la vérité politique.

Sans doute Marat, par la force de sa volonté et de son esprit, s'était placé à la tête des idées réformatrices et républicaines; sans doute, plus que tout autre, — parce que plus que tout autre il avait souffert et combattu, — il avait ouvert la voie aux tendances nouvelles, mais emporté par un naturel orgueilleux, une ambition extrême de popularité et de pouvoir, n'avait-il pas, plus que tout autre aussi, dépassé les bornes ordinaires de l'exagération et de la cruauté?

A cette époque de la Révolution, l'on respirait la vie politique par tous les pores. Chaque citoyen croyait de son devoir d'apporter sa pensée, sa parole ou sa plume à la consolidation du monument élevé sur les ruines encore fumantes de la Bastille : un discours à la *Convention*, aux *Jacobins*, aux *Feuillants*, dans les clubs; un *arrêté de la Commune*, un article du *Père Duchesne*, du *Républicain* ou du *Vieux Cordelier*, étaient des événements commentés, discutés, réfutés avec énergie ou applaudis avec transport.....

Pour s'en convaincre il suffit de relire quelques journaux du temps.....

Mais l'adoration de Marat, le culte de ce sanglant triumvir, ne peuvent s'expliquer que par une surexcitation inouïe, un étourdissement dont rien ne peut offrir une idée aujourd'hui, une crainte exagérée de la réaction royaliste ou un sentiment qui donne de la force aux faibles, aux humbles et aux opprimés..... la peur de l'échafaud!

En ce temps-là, un brevet de civisme était le meilleur passe-port, la plus sûre garantie.....

Un *suspect* — était un homme mort.....

Adorer Marat l'un des plus énergiques représentants de la Révolution, c'était reconnaître cette dernière ;

Exalter ses vertus, chanter ses cantiques, c'était chanter, exalter l'état actuel de la France, c'était aimer la République, la défendre, et lui donner une preuve de suprême dévouement.....

C'était échapper aux soupçons..... c'était peut-être échapper à la mort !

Et voilà pourquoi tant de citoyens criaient *Vive Marat !* Pourquoi tant d'hommes qui devaient donner, en Italie, en Egypte, sous le Directoire et sous l'Empire, dans la législature et dans l'administration, tant de preuves de vrai courage et de pur patriotisme-demandaient, avec une ardeur qui semblait tenir du délire l'apothéose de Marat et son transport au Panthéon !...... et voilà pourquoi la Convention, par faiblesse ou par prudence, et même après la chute de Robespierre, accéda à ce désir, et le remplit de la façon brillante que nous allons dire.

V.

Thermidor....! l'heure de la réaction *terroriste* a sonné de son glas funèbre.

Robespierre, encore revêtu de l'habit bleu qu'il portait pour célébrer la *fête de l'Être Suprême*, s'est fait sauter la moitié de la mâchoire d'un coup de feu (1).

Resté étendu pendant plusieurs heures sur une table dans la *salle du Comité de salut Public*, abandonné de

(1) Selon d'autres versions, Léonard Bourdon et le gendarme Médaa auraient tiré sur Robespierre.

tous, il s'essuie le visage avec un fourreau de pistolet et étanche avec du papier le sang qui coule à flots de sa blessure.

Déclaré hors la loi, il est mis à mort le 10 avec son frère et dix-neuf de ses partisans (28 juillet 1794).

Frappé dans sa toute-puissance, alors qu'il méditait une réaction liberticide, il vient de tomber à *trente-cinq* ans, plein de vigueur et d'ambition, au moment où l'Assemblée songe à exécuter les décrets rendus en l'honneur de l'*Ami du Peuple.*

L'instant ne paraissait cependant pas propice! Le pays, revenu de sa longue stupeur, avait accueilli par des marques d'une joie non équivoque la chute du groupe le plus exalté de la *Montagne.*

Les prisons s'ouvraient devant des milliers de citoyens arrêtés arbitrairement;

Le système de la suspicion et de la crainte semblait abandonné;

La confiance renaissait;

L'ordre se faisait au milieu du chaos inévitable des premiers jours;

La France libre saluait avec transport une ère nouvelle de patriotisme, de grandeur et de gloire! Elle espérait dans l'avenir! Les grandes conquêtes obtenues répondaient des résultats prochains.

Aussi, comme l'a dit M. Thiers, la cérémonie ordonnée pour le transport de Marat au Panthéon et l'exclusion de Mirabeau du Temple des grands hommes, « n'était-elle déjà plus conforme à l'état des opinions et des esprits. Marat n'était plus assez saint, ni Mirabeau assez coupable pour qu'on décernât tant d'honneurs au sanglant apôtre de la Terreur, et qu'on infligeât tant d'ignominie au plus grand orateur de la Révolution. »

Après thermidor, les Jacobins avaient redressé la tête. Les clefs de leur club leur avaient été rendues. Affaiblis dans leur puissance, ils étaient encore redoutables. Leur nombre s'était accru des mécontents du nouvel état des choses, des misérables chassés de leurs postes sanguinaires, des déclassés qui trouvent leur existence dans l'agitation et le crime, et dont la rage était à craindre ; il fallait avant tout leur donner une satisfaction sans danger pour la paix publique : c'est pourquoi l'exécution des décrets des 24 brumaire et 5 frimaire qui allait créer de prochains embarras ne fut point révoquée.

La cérémonie resta fixée au *quintidi des sans-culottides!* (21 septembre 1794).

Pour la foule ignorante et exaltée Marat était toujours un Dieu !

La veille de la fête, à six heures du soir, les restes de l'*Ami du Peuple* sont exhumés de leur tombeau provisoire.

Renfermés dans un cercueil de plomb, ils sont exposés sur une estrade dans le *Salon de la Liberté*, vestibule de la salle des séances de la Convention, et entourés pendant la nuit par une garde d'honneur de trente citoyens.

Le lendemain matin, à huit heures, les députations des sociétés populaires, un détachement des élèves du Camp-de-Mars et des orphelins de défenseurs de la Patrie, précédés de leur musique, se réunissent au jardin National.

Le Président de la Convention, placé sur une tribune, proclame solennellement que les armées de la

République n'ont pas cessé de mériter de la patrie, et annonce, aux cris mille fois répétés de *Vive la République*, les nouvelles apportées à l'instant de la *victoire de Maëstricht!*

L'art. 1er des décrets relatifs aux honneurs accordés à Marat est proclamé, et le cortége se dirige vers le Panthéon.

Un corps de cavalerie et ses trompettes ouvre la marche;

Puis viennent un groupe de tambours, les sociétés populaires, la musique, et les élèves du Camp de Mars;

Les autorités constituées des Sections de Paris;

Les tribunaux;

L'Institut national de musique.

Des groupes d'artistes représentant le peuple célèbrent par des chants les vertus de Marat, et des citoyennes, en nombre égal à celui des départements, portent des corbeilles de fleurs destinées à être jetées par elles sur la tombe de l'*Ami du Peuple*.

Arrive enfin le char de triomphe orné d'une couronne civique et des quatorze drapeaux destinés aux corps d'armée. Il s'avance au milieu d'un respectueux silence.

La Convention nationale, séparée de la foule par un simple ruban tricolore soutenu par des vieillards et des enfants, le suit, et présente l'image du patriotisme, de la concorde et d'une unité touchante protégés par les emblèmes de la nation et le respect des lois.

Les orphelins des défenseurs de la patrie précédés de leur musique ;

Une députation des blessés de toutes les armées, et un corps de cavalerie ferment la marche.

Cet imposant cortége, où la plus ingénieuse allégorie avait associé les diverses classes de la population, sortit par le Pont-Tournant, suivit la place et la rue de la Révolution ; les rues Honoré, du Roule, de la Monnaie, traversa le Pont-Neuf, et s'arrêta rue de Thionville au lieu des séances des *Amis des Droits de l'Homme*, connu sous le nom de *Cordeliers*.

« Citoyens, » s'écria le Président, « c'est ici que repose l'*Ami du Peuple !* c'est de cette tribune qu'il foudroyait les tyrans, qu'il soutenait vos droits, qu'il vous enseigna l'art d'en jouir...... Hommes, qui que vous soyez, qui l'avez connu, vous qui l'avez eu pour collègue, glorifiez-vous tous de lui rendre aujourd'hui les honneurs de l'immortalité : que son souvenir et son image soient, comme à nous, sans cesse présents à votre pensée.

» Il vécut l'ami du peuple. Le peuple le regrette et le regrettera toujours.....

» Marat est mort ; il ne laisse à ses amis et à ses parents que la pauvreté pour héritage..... Imitons-le, et la France, dégagée de tous ses ennemis, inspirera à l'univers l'estime, l'amitié et le respect qu'attirent à soi les vertus ! »

L'approbation générale accueille ces paroles vivement senties !

Une strophe républicaine en l'honneur de Marat est chantée, et le cortége se remet en marche par les rues

Française, de la Liberté, la place Michel, les rues
Hyacinthe, Jacques, et s'arrête sur la *Place du Panthéon*, à trois heures et demie.

A cet instant un huissier de la Convention s'avance
vers la porte d'entrée.

Il y donne lecture du Décret qui exclut du Panthéon
les *restes impurs de Mirabeau !*

Le corps du célèbre orateur que l'enthousiasme
populaire porta, lui aussi, dans le *Temple des Grands
Hommes* est remis à l'instant au commissaire de police
de la section qui le fait jeter, la nuit, par deux agents
de police, à *Clamart, cimetière des suppliciés !*

Marat entre enfin au Panthéon !

Il est placé triomphalement sur une riche estrade,
et le Président de la Convention retrace aux assistants
les vertus dont la nation honore la mémoire !

En sortant du Panthéon la Convention est reconduite
au son de la musique dans le lieu de ses séances, et
quatorze voitures, réunies à la *place de l'Estrapade*,
emportent les dépositaires des drapeaux distribués le
matin, et les mènent aux *quatorze armées de la République !*

Le plus grand ordre ne cessa de régner pendant
la cérémonie.

Le soir, les spectacles donnèrent gratuitement avec
Guillaume Tell, les pièces se rappportant le mieux à la
circonstance, et le sieur Moline, secrétaire-greffier atta-
ché à l'Assemblée nationale, lui fit hommage de l'é-

pitaphe suivante, pour être mise sur la tombe du nouveau Grand Homme :

Marat, l'ami du peuple et de l'égalité,
Échappant aux fureurs de l'aristocratie,
Du fond d'un souterrain, par son mâle génie,
Foudroya l'ennemi de notre liberté.
Une main parricide osa trancher la vie
De ce républicain toujours persécuté :
Pour prix de sa vertu constante,
La Nation reconnaissante
Transmit sa renommée à la postérité.

La population entière avait assisté à cet hommage grandiose. Fière du nouveau succès remporté à *Maëstricht* sur les Autrichiens, délivrée de cruelles appréhensions par la chute de Robespierre et des Terroristes, elle parcourait les rues de la ville avec dignité, avec calme. Celui qu'elle appellait son *ami*, son *père*, son *idole*, avait reçu des honneurs que dans son orgueil indomptable il n'avait sans doute jamais osé rêver, et cependant elle n'était pas encore satisfaite : il lui fallait quelque fétichisme qui remplaçât la religion chrétienne abolie par ses représentants ; aussi pensa-t-elle à lui élever des autels sur les places publiques et à l'adorer comme un Dieu (1) !

(1) M. Augustin Challamel a donné, dans son *Histoire - Musée de la République* (t. i, p. 446-47), la version suivante de l'apothéose de *l'Ami du Peuple* :

« Le cadavre était en partie découvert. On voyait la blessure. La figure de Marat avait été chargée de blanc, mais elle avait encore un teint livide ; effet de la maladie. Sa main droite tenait une plume de fer : sa langue, assure-t-on, avait été coupée pour qu'elle ne lui sortît pas de la bouche. Les secousses du transport firent, avant d'entrer au Panthéon, détacher la tête de l'Ami du Peuple.

VI.

Quelques semaines se sont écoulées ; les événements ont marché, et cependant les derniers frémissements de la tempête font encore tressaillir certains cœurs exaltés.

Le club des Cordeliers a changé son nom en celui du chef des égorgeurs ; la place de l'Observance, s'appelle la *place de l'Ami du Peuple ;* la butte Montmartre est devenue le *Mont-Marat ;* plusieurs rues ont reçu un pareil nom de baptême, et ces dénominations nouvelles, gravées sur douze pierres de la Bastille, sont offertes à la section du Théâtre-Français par le patriote Palloy.

Les enfants qui naissent reçoivent le prénom de Marat ; les exaltés qui avaient pris le surnom de Brutus, d'Aristide, etc., le changent pour celui du sectaire !

Parmi les inscriptions tracées sur le char funèbre, on remarquait celles-ci :

> *Pleure, mais souviens-toi qu'il doit être vengé.*
> *Ennemis de la patrie, modérez votre joie.*
> *Il y aura des vengeurs.* »

Nous pensons qu'il règne là une confusion entre les *Funérailles provisoires* et le transport au *Panthéon*. Les faits, tels que les rapporte M. A. Challamel peuvent s'appliquer à la cérémonie funèbre de l'*église* et du *Jardin des Cordeliers*, qui eut lieu le 16 juillet (voir p. 10), mais non pas à celle de l'*Apothéose*. Le *Moniteur* dit qu'à cette dernière cérémonie le corps était renfermé dans « un cercueil de plomb ». La chose n'était guère possible autrement, si l'on réfléchit que Marat était mort depuis près de quinze mois, et que déjà, le 15 juillet, surlendemain du décès, David signalait la décomposition très-avancée du cadavre (p. 8).

Le député Bentabole, accusé de « modérantisme »,
réclame contre une inculpation aussi calomnieuse selon
lui : « Moi modéré, s'écrie-t-il. On m'appelle à la Convention *Marat le Cadet*, sans doute parce que ce grand
homme m'honorait de son amitié. Bentabole modéré !
C'est là une calomnie atroce. »

À la place du Carrousel, on élève un monument go-
thique et pyramidal renfermant deux tombes, l'une en
l'honneur de Marat, l'autre en celui du *Polonais La-
jouski*, qui s'était classé parmi les héros du 10 août.

Le monument élevé à Marat « dénommé *pagode* par
la jeunesse dorée, figurait » dit M. le baron C. Poisson
« un caveau creusé dans un rocher et fermé par une
grille. On y voyait la baignoire dans laquelle l'*Ami du
Peuple* avait été frappé, et d'autres objets à son usage
conservés en guise de reliques ». Une sentinelle, ajoute
la *Biographie Michaud*, veillait nuit et jour auprès de
cet odieux monument. Toutes les semaines des processions de clubistes coiffés du bonnet rouge venaient
faire leur station au Carrousel ; ils étaient suivis de ces
femmes folles appelées *Furies de Guillotine*, conduites
par les égorgeurs d'Avignon et du 2 Septembre.

Après le 9 thermidor de l'an II, dit à son tour un
malin chroniqueur, on sentit le ridicule et l'indécence
d'un pareil monument ; il ne fallut pourtant rien moins
que la température rigoureuse qui termina cette année,
pour achever d'ouvrir tous les yeux ; une des sentinelles
y périt de froid : ce fut la dernière victime immolée
à Marat. L'horrible pyramide fut abandonnée au respect
public : on n'y plaça plus de gardes.

Dans Paris, il est vrai, l'enthousiasme arrivé à son

paroxysme ne pouvait que décroître, alors même que celui qui en formait l'objet aurait continué à mériter la sympathie et.les regrets : c'est dans la marche naturelle des choses humaines ; mais il en était autrement dans les départements.

La nouvelle de la mort de Marat y avait donné le signal des plus sanglantes représailles..... le dernier écho de son apothéose y devait aussi retentir alors qu'il se serait déjà éteint à Paris.

Mauger, commissaire du *Comité de Salut public*, envoyé dans la Moselle, avait été un des premiers à adopter le patronage de *saint Marat ;* il commet des excès de toute nature dont il est bientôt puni par des convulsions et la mort.

Dans plusieurs provinces des processions sont faites, buste en tête, au son de la musique, au milieu de nuages d'encens.

« Plus de quarante mille tombeaux sont élevés au
» héros ! »

Le portrait gravé par *Gueverdot* se colporte de main en main. Reproduit en petites dimensions, il est porté en broche par les femmes qui adoptent encore des bagues et une *coiffure à la Marat!*

Un poëme d'environ quatre cents vers est composé sur le *Dieu* ; il s'écoule à des milliers d'exemplaires.

Marat en était là de toutes ces splendeurs, de toutes ces gloires, de tous ces triomphes, lorsque la reproduction d'un *ancien Projet de Constitution* fournit le prétexte, et donna le signal de la plus terrible réaction.

VII.

Il en est de l'enthousiasme irréfléchi comme de l'amour basé sur le trouble seul des sens! Leur réaction est parfois suivie de la haine et du mépris: Marat en offre ici le plus frappant exemple.

Salué, acclamé, adoré même, il devient en quelques jours l'objet de la réprobation et du dégoût; ses bustes sont partout renversés, son nom est prononcé avec horreur, son souvenir maudit!

Nous avons vu que la réimpression d'un ancien *Projet de constitution* avait suffi pour amener un si brusque revirement.

Lorsque ce travail parut, chacun faisait des projets selon son humeur ou son tempérament. Marat, encore imbu des principes royalistes qui prévalaient depuis tant d'années, à l'exemple de Mirabeau et de bien d'autres devenus républicains sous la République, Marat, soutenait alors, que le gouvernement monarchique pouvait seul, assurer le bonheur de la France.

Déjà, en 1792, il avait été interpellé à ce sujet, mais comme toujours il était sorti victorieux de la lutte.

Un journaliste reproduisit l'article trois ans plus tard, en pleine République — au commencement de 1795!

C'était vouloir perdre à tout jamais son auteur !

Un tel Projet jeté au milieu de l'agitation générale, au moment où la France, assaillie à l'intérieur et à l'extérieur, recherchait partout les suspects, et guillotinait ceux qu'elle nommait les traîtres, au moment où les *Jacobins* chassés de leur club étaient désignés à la vindicte publique, un pareil document, disons-nous, était appelé à produire un effet immense..... L'effet prévu arriva.....

Le lendemain, la *Jeunesse dorée* criait : « *A bas Marat ! C'est un royaliste !* »

Des troubles éclatent de divers côtés.

Au théâtre de la rue Feydeau, le buste de l'*Ami du Peuple* est renversé.

Réinstallé par ordre du Comité de sûreté générale pour qui « Marat est encore *officiellement* un héros révolutionnaire », il est renversé de nouveau.

C'était le 14 pluviôse.

Les spectateurs, attirés en foule pour la représentation de *Phèdre*, manifestent leur indignation. Des cris *A bas Marat! Vive J.-J. Rousseau!* éclatent de toutes parts. Le buste de l'auteur d'Emile, de la Nouvelle Héloïse et du Contrat Social est mis à la place de celui qui vient d'être rejeté ; — des applaudissements universels le saluent et l'acclament. — En cet instant, un spectateur placé au balcon demande à lire quelques vers impromptus : il récite ce quatrain :

> Des lauriers de Marat, il n'est pas une feuille
> Qui ne retrace un crime à l'œil épouvanté ;
> Mais ceux que le sensible et bon Rousseau recueille
> Lui sont dus par la France et par l'humanité.

On crie *bis* ; les vers sont répétés aux cris unanimes des spectateurs.

Et, dit le *Moniteur* qui rapporte ces faits :

« Le même jour, le buste de Marat est également

renversé au théâtre de la République, et à celui de
Montansier. »

Une scène avait lieu presque en même temps dans
la rue Montmartre. Des enfants promènent LE BUSTE
en l'accablant de reproches ; ils le *jettent ensuite dans
l'égout* qui coulait à ciel ouvert en lui criant : « *Marat !
voilà ton Panthéon* » (1) ! Des citoyens rassemblés en
foule consacrent par leurs applaudissements cette exécution burlesque du jugement de flétrissure.

Des vers circulent dans la foule : c'est la nouvelle
épitaphe de Marat :

> Appui de l'assassin, opprobre de la France,
> J'ai plongé le poignard au sein de l'innocence,
> Par les plus grands forfaits je me suis fait un nom ;
> Passants, les Jacobins m'ont mis au Panthéon !

L'élan était donné.

Les bustes élevés dans les lieux publics sont partout
brisés ; ceux qui décorent les maisons privées sont jetés par les fenêtres ; à ce moment, quelques jeunes
gens fabriquent un mannequin représentant l'image
de Marat, le brûlent dans la cour des Jacobins au
milieu des éclats de rire de la multitude. Ils « dispo-
sent dans un pot de c...... (*sic*) les cendres qui en
proviennent et les vont jeter dans l'égoût qui avait
déjà reçu l'une des images. »

Le 15, rapporte encore le *Moniteur*, « l'effigie du
même personnage est trouvée pendue à la porte d'un

____

(1) Le fait nous a été confirmé par un témoin oculaire, le célèbre peintre de bergeries, *M. Pâris*, dont la famille habitait alors
la rue Montmartre. M. Pâris est âgé aujourd'hui de 85 ans et se
rappelle les moindres circonstances.

droguiste, ancien meneur de l'un de ces Comités ré-
volutionnaires dont Marat avait été le premier membre
et l'instituteur. »

VIII.

Des faits aussi bizarres, et on peut le dire aussi
brusquement inattendus, avaient appelé l'attention du
gouvernement. Il était de son devoir de les examiner,
de les juger, et d'en tirer des conséquences conformes
à la vérité. Quelques meneurs n'avaient pu provoquer
une agitation pareille; quelques réactionnaires ne devaient pas être rendus responsables du mouvement,
puisque la population de Paris paraissait s'être asso-
ciée à l'ignominie du tribun, comme elle l'avait fait
pour son triomphe.

Une réaction complète se produisait: la Convention
devait ou l'arrêter, ou en précipiter la marche. Il lui
importait de rester maîtresse des événements, et non
point d'être dirigée par eux.

La position était délicate !

D'un côté, s'élevait une immense majorité réclamant
avec ardeur le rappel des décrets des 24 brumaire et
5 frimaire, décrets qui avaient déjà reçu une exécution
grandiose; de l'autre, s'agitait une coterie s'opposant
énergiquement à ce rappel, coterie infime par le nombre
de ses adhérents, mais redoutable par sa hardiesse, et
forte de ses alliances avec ce que la République renfermait d'exalté et d'audacieux !

Une autre considération se présentait à l'Assemblée !

N'était-ce pas elle qui avait demandé à David le
portrait de Marat? N'était-ce pas elle qui l'avait fait

placer dans le lieu de ses séances avec les bustes de
Brutus, de Rousseau et l'image de Le Pelletier? N'é-
tait-ce pas elle qui avait voté un crédit de 24,000 livres pour la reproduction par la gravure de l'œuvre de
David? N'était-ce pas elle qui avait accordé à la *con-
cubine du proconsul,* qui osait se faire appeler *sa veuve,*
les honneurs de la séance? N'était-ce pas elle enfin qui
avait décrété l'apothéose de l'***Ami du Peuple***, et accom-
pagné ses dépouilles au Panthéon!

Cinq mois à peine s'étaient écoulés depuis la cérémonie funèbre et il fallait revenir sur les faits accom-
plis; il fallait dire que l'enthousiasme avait fait fausse
route; que la religion des Représentants de la France
avait été surprise; que l'homme offert comme un
exemple de vertus civiques et de patriotisme, n'était
qu'un Terroriste, et que le *Dieu* n'était qu'un bourreau!
Il fallait déclarer à la face du monde qu'on avait accordé
des honneurs souverains à un traître à la patrie, au
chef des égorgeurs de Septembre, à un buveur de sang!

Qu'allaient penser et écrire les ennemis de la République naissante? N'allaient-ils point confondre dans le
même blâme les membres sains et les membres gan-
grenés; n'allaient-ils pas tirer de la *dépanthéonisation*
de Marat des conclusions mensongères; n'allaient-ils
point, — oubliant les circonstances locales, et faussant
l'histoire, — jeter le quolibet à cette assemblée pré-
tendant établir à tout jamais un ordre de choses nouveau, renouveler le siècle de l'âge d'or, et qui, au bout
de quelques mois, renversait ce qu'elle avait élevé, et
brûlait ce qu'elle avait adoré?

Et cependant Paris faisant entendre sa voix puis-
sante, regrettait ses criminels transports. Chaque jour

de retard était une honte maintenant que les yeux s'étaient dessillés ; chaque heure nouvelle de la présence de Marat au Panthéon souillait le *Temple des Grands Hommes.*

La situation était terrible !

Un débat contradictoire où la vérité serait mise dans toute sa lumière, où la question serait vidée à tout jamais, voilà ce qu'il fallait provoquer, — et ce à quoi la Convention se décida !

IX.

Le danger croissait, des luttes sanglantes avaient eu lieu au Carrousel, aux Tuileries, dans les Faubourgs.

Mathieu en rend compte dans la séance du 20 pluviôse.

Le buste de Marat a été porté en triomphe par quelques membres d'une société populaire. « Frappé de déchéance dans les théâtres, dit l'orateur, il trouve une couronne dans un club ! Il est temps de faire disparaître des théâtres et de tous les lieux publics une image dont la présence est une cause d'excitation, et le prétexte de sanglants conflits. *Babeuf,* surnommé *Gracchus,* a été arrêté ; jugeant les hommes d'après lui-même, croyant que la bassesse et la cupidité sont leurs seuls mobiles, il a tenté de corrompre le gendarme chargé de l'arrêter en lui offrant 30,000 livres et une sauvegarde pour sa liberté.

» Le gendarme *Labre,* de la *compagnie d'Armet,* a fait son devoir : il a refusé....

» La Révolution du 9 thermidor, continue Mathieu, a ouvert les yeux et dissipé les nuages de la fourberie et de l'imposture; il faut en chasser jusqu'au dernier souvenir! »

De violents murmures s'élèvent contre le Jacobinisme.

— Oui, s'écrie *André Dumont*: « Qu'étaient les Jacobins le 9 thermidor? des révoltés! Que sont-ils aujourd'hui? des provocateurs à la révolte! »

L'extrême gauche proteste avec énergie; mais le parti Maratiste commence à faiblir.

Déjà, dans la séance du 13 précédent, *Goujon* avait été interrompu par des murmures pour avoir défendu la mémoire de l'*Ami du Peuple*. « Le temps viendra, avait-il dit, où l'on appréciera les hommes qui ont passé dans la Révolution.... Le Pelletier assassiné par un garde du tyran, Marat assassiné par une fanatique, seront jugés avec ceux qui ayant toujours de grands mots à la bouche n'ont pour la chose publique que des cœurs froids. »

Des murmures et quelques applaudissements avaient accueilli ces paroles, mais l'Assemblée avait passé à l'ordre du jour!

Le 20, de nouvelles plaidoiries sont tentées inutilement en faveur du proconsul, et au nom des trois comités *de Salut public, de Sûreté générale* et *de Législation*, le décret suivant est rendu :

« Les honneurs du Panthéon ne pourront être décernés à aucun citoyen, et son buste placé dans la Convention nationale et les lieux publics, que dix ans après sa mort.

» Tout décret dont les dispositions seraient contraires est rapporté. »

C'en était fait! Marat venait d'être renversé de son piédestal, et chassé à tout jamais du Panthéon.

Le Pelletier de Saint-Fargeau partageait son sort!

X

Le 8 ventôse an III (26 février 1795), vers sept heures du soir, à la requête de Soufflot, architecte et inspecteur du Panthéon, le commissaire civil de la section, Michel Parot, assisté de son secrétaire-greffier, fit extraire le cercueil de Marat, et, *sur la non-réclamation de la famille*, le fit inhumer, à la nuit, dans le *cimetière ci-devant Geneviève*.

C'EST LA QU'IL REPOSE AUJOURD'HUI!

L'entrée de Marat au Panthéon en avait chassé Mirabeau! Marat, devenu un objet d'abandon et de dégoût est rejeté à son tour de la place glorieuse où un moment d'erreur l'avait élevé.

Mirabeau avait été plaint; Marat n'excita aucune pitié.

La postérité qui juge a couronné Mirabeau d'une auréole de talent et de gloire! Elle a couvert Marat d'un juste mépris.

Mirabeau est resté le modèle des orateurs! Marat est demeuré la personnification des excès de la Révolution.

Mirabeau a été appelé un aigle, et Marat un Néron.

Mirabeau, jeté dans le cimetière des suppliciés, repose maintenant aux Catacombes selon les probabilités historiques; son nom sera gravé en lettres d'or sur les tables de marbre de la *Chapelle funéraire* projetée à leur entrée principale! Marat, gisant dans un terrain couvert actuellement de baraques sordides, ira, lui aussi, s'enfouir un jour au *Grand Ossuaire* de la capitale, mais son souvenir sera maudit éternellement.

Mirabeau a trouvé des apologistes; il a été peint par l'illustre plume de *Timon!* Marat n'a trouvé et ne trouvera que des critiques justes, mais sévères.

Mirabeau a laissé des descendants fiers de leur origine! Marat frappé d'une sorte de vengeance divine, abandonné des siens dans un moment suprême, est resté seul sous le poids de sa honte et de ses iniquités.

XI.

Marat venait d'être *dépanthéonisé!* Selon la croyance populaire, ses cendres avaient été jetées à la voirie..... l'opinion devait être satisfaite.

Il n'en était pas encore ainsi!

A peine le décret du 20 pluviôse avait-il été connu que les mêmes sociétés populaires empressées, cinq mois auparavant, de s'associer au triomphe des cendres du tribun, sont admises à féliciter la Convention d'avoir épuré le Panthéon de la présence du *prétendu Ami du Peuple*, et, en décidant qu'il fallait laisser au temps le soin des renommées, « *de n'avoir plus permis les grands » hommes provisoires* »!

Le lendemain 22, une foule de citoyens se rassemble sur la place du Carrousel, environne les ouvriers occupés à l'abatage de la *pagode* élevée au « *Mauvais génie,* » et l'aide dans ce travail.

A la Halle, un des derniers bustes restés debout dans Paris est renversé. Un boucher égorge un mouton, et au milieu des applaudissements, couvre l'image d'un sang innocent, afin s'écrie-t-il, « de *montrer Marat avec l'attribut qui lui convient* »!

La section du Théâtre-Français qui avait changé son nom en celui de chef des Septembriseurs, reprend sa dénomination primitive, tandis que la Convention ordonne que les peintures de David, les bustes de Marat, de Le Pelletier, de Beauvais et de Dampierre seront retirés du lieu de ses séances.

Seul, le buste de Brutus est conservé!

Dans les écrits, dans les discours, à l'Assemblée, dans les clubs, Marat n'est plus appelé que le *Prétendu Ami du Peuple*, l'*Évangéliste de l'anarchie*, l'*Apôtre du pillage et du meurtre*, le *Principal provocateur des journées de Septembre* 92, le chef du règne de la *Sanguinocratie* (sic).

On rappelle qu'il était le président du *Comité de la Commune* qui dirigea et solda les massacres des Carmes, de Saint-Firmin, de l'Abbaye, de la Force, de la Conciergerie, du Cloître des Bernardins et du Grand Châtelet, de la Salpêtrière et de Bicêtre, et l'on publie la circulaire adressée par le *Comité de Surveillance de la Commune* à tous les départements.

Au moment de marcher sur l'ennemi, est-il dit dans cette pièce épouvantable, et pour retenir par la terreur les légions de traîtres cachés dans les murs de la ville, « le peuple a mis à mort une partie des conspirateurs féroces détenus dans les prisons, ACTES DE JUSTICE QUI LUI ONT PARU INDISPENSABLES » à ce moment suprême...

..... Sans doute la nation entière, après la longue suite de trahisons qui l'ont conduite sur les bords de l'abîme, S'EMPRESSERA D'ADOPTER CE MOYEN SI NÉCESSAIRE AU SALUT PUBLIC. »

Cet appel aux plus terribles passions avait trouvé des échos, et l'on connaît les massacres de prisonniers qui eurent lieu à Paris et à Versailles.

Une foule de malheureux fut sacrifiée, dont *quatorze cent cinquante-huit* à Paris, selon M. Granier de Cassagnac; *neuf cent soixante-six* seulement d'après M. Barthélemy Maurice; Mathon de la Varenne dit *dix-huit cents*, et M. Thiers, de *six* à *douze mille*.

De nos recherches personnelles, il résulte 1,085 victimes dont nous avons recueilli la plupart des noms, auxquelles il convient toutefois d'ajouter celles de la Salpêtrière et de l'hospice de Bicêtre pour lesquelles les éléments authentiques paraissent faire défaut, mais qu'il est permis d'évaluer, d'après divers documents contemporains, à 5,445 : total général : *six mille cinq cent trente*.

Jourgniac Saint-Méard, dans son *agonie de trente-huit heures*, avance le chiffre de *douze mille sept cent quatre-vingt-quinze*. Il y a là une exagération évidente produite pour les contemporains par l'horreur du fait.

On rappelle encore que Marat s'écriait sur le perron de la *Commune* (aujourd'hui l'Hôtel-de-Ville), et qu'il imprimait dans ses feuilles : « Donnez-moi TROIS CENT MILLE TÊTES, et je réponds que la patrie sera sauvée..... Commencez par pendre à leurs portes les boulangers, les épiciers, tous les marchands. »

On répète qu'il avait exhorté « tous les domestiques

à dénoncer leurs maîtres, en leur promettant le secret
et une ample récompense ;

Qu'il s'était vanté bien haut « d'être cruel par calcul
d'humanité » ;

Qu'il avait excité à la révolte, à la haine du gouvernement, et qu'il avait osé dire : « Jamais la machine révo -
lutionnaire ne marchera que le peuple n'ait fait justice
de *deux cent mille* scélérats ; il doit réduire au quart
ses mandataires et ses agents ; »

Et l'on sût par des documents officiels que le *mas-
sacre des prisons de Paris, préparé plusieurs jours à
l'avance, bien que présenté comme spontané*, avait été
soldé aux frais de la *Commune*, rien que pour le transport et l'inhumation des cadavres dans divers cimetières et aux Catacombes, par une somme de 2,964 *livres, 15 sous, 6 deniers !*

L'indignation arriva à son comble.

De même que rien n'avait fait défaut au triomphe,
rien ne manqua à la chute.

Dans toutes les parties de la République, la même
réaction se manifesta. — Partout les bustes furent
brisés.

A Lyon, où l'on avait brûlé de l'encens en l'honneur
de Marat, ses images disparurent avec celles du Jacobin
Chalier. Ce dernier misérable avait fait trembler la
ville de 1792 au 17 juillet 1793, date de son exécution,
et cependant le parti terroriste lui avait élevé aussi des
autels.

Un égorgeur posthume alla se plaindre au représentant du peuple résidant à Lyon des insultes faites dans

un lieu public aux bustes de Marat. — Ce député informé que l'ordre d'enlever les bustes émanait de la direction du *théâtre* répondit gaiement à l'égorgeur : « Qu'y puis-je faire? Je crois savoir que ces bustes n'ont pas renouvelé leur abonnement. » Et il congédia le plaignant plein de rage.

L'ironie en pareille matière..... c'était bien la dernière et suprême chute du règne odieux de la *Terreur!*

XII.

L'exécution du décret du 20 pluviôse an III (8 février 1795) s'accomplit presque secrètement. L'autorité ne fit rien pour en faire connaître les résultats. C'est sans doute au silence gardé par le *Moniteur* et les gazettes du temps, qu'est due la tradition, généralement admise, de l'enfouissement des restes de Marat dans l'*égout de la rue Montmartre*, après leur rejet du Panthéon.

Les exécutions ignominieuses rappelées au § VII de cette Étude sont certainement le point de départ de l'erreur que nous signalons.

Pourquoi les autorités du moment ne démentirent-elles point un bruit aussi odieux?

C'est parce qu'il fallait sans doute laisser une satisfaction à l'esprit populaire et qu'un égout était, dans la pensée des contemporains, selon l'expression d'un écrivain de l'époque, « *le digne tabernacle d'un tel Dieu* ».

Ce sont là, nous devons l'avouer, des suppositions gratuites ; mais la vérité est qu'à part un très-petit nombre de fonctionnaires, le public ignorait généralement ce qu'étaient devenus les restes de Marat. Cette particularité demeura longtemps inconnue, car les documents authentiques que nous allons produire sont de découverte récente.

Un grand nombre d'historiens et de romanciers ont reproduit l'erreur commune. Cela devait être. Les premiers, parce qu'ils avaient cru pouvoir s'appuyer sur les récits du temps et la tradition; les seconds, parce que le sujet était trop dramatique pour le passer sous silence ou chercher à le rectifier.

Ainsi, Dulaure, qui était contemporain de Marat, disant, dans l'*Histoire de Paris*, à l'article *Panthéon* : « Marat fut placé au rang des grands hommes; mais après la journée du 9 thermidor an 11, les restes de cet homme odieux furent enlevés du Panthéon et *jetés dans l'égout de la rue Montmartre*, » commit une erreur qui, propagée par sa populaire, mais pernicieuse *Histoire*, est devenue presque générale.

M. Victor Hugo racontant à son tour, dans la dernière partie de son Roman : — *Les Misérables*, — la découverte à l'entrée du grand égout de Paris « d'une sorte de loque informe et souillée..... baptiste très-fine, marquée à l'un des coins moins déchiré que le reste d'une couronne de marquis et des armes de la marquise de Laubespine », et faisant reconnaître dans ce drap, souvenir de jeunes amours, « *un morceau du linceuil de Marat* », s'est plutôt inspiré de son imagination si ardente, que de la réalité des faits.

Nous pourrions multiplier les exemples, mais passons! La chose est jugée sans appel !

Quant aux *Preuves* qu'il nous est possible d'avancer, elles sont irrécusables. Les voici :

Nous avons collationné nous-même les pièces sur les originaux déposés aux Archives de la *Préfecture de Police*, alors que nous y faisions nos recherches sur les morts illustres déposés dans le *Grand Ossuaire Municipal* (1).

COMMISSION EXÉCUTIVE
DE L'INSTRUCTION
PUBLIQUE.

CORRESPONDANCE
GÉNÉRALE.

Paris, le 7 ventôse, l'an 3
DE LA RÉPUBLIQUE UNE ET INDIVISIBLE.

ÉGALITÉ, LIBERTÉ.

LA COMMISSION EXÉCUTIVE DE L'INSTRUCTION PUBLIQUE,

AU CITOYEN SOUFFLOT, INSPECTEUR GÉNÉRAL DU PANTHÉON.

CITOYEN,

La famille de feu Marat ne s'étant pas présentée pour faire enlever son corps du Panthéon, ainsi que l'a fait la famille Lepelletier, aux termes de la loi du 20 pluviôse dernier, nous vous invitons et autorisons comme inspecteur du Panthéon, à donner les ordres nécessaires pour que la loi ait la plus prompte exécution, et que le corps de feu Marat soit inhumé dans le cimetière le plus voisin.

Salut et Fraternité,

GUINGUENÉ.

Pour copie conforme,

L'Inspecteur des travaux du Panthéon français,

SOUFFLOT.

(1) Nous avons donné le premier en mars 1862 un extrait de ces procès-verbaux inédits, dans le livre intitulé : *Les Catacombes de Paris ou Projet de fonder une chapelle funéraire à l'entrée principale des Catacombes*. Préface de M. le vicomte de Cormenin, Président-fondateur de l'œuvre. (Gaume frères, éditeurs, Paris, 1862, 1 vol. in-18). Au mois de novembre de la même année, le Catalogue de La Bédoyère a mentionné le fait, mais sans fournir de preuves à l'appui. Depuis, plusieurs auteurs ont reproduit notre Extrait, sans nous citer, naturellement.

Voici maintenant le procès-verbal ; il tranche la question pour toujours :

8 ventôse an 3.

Le huit ventôse an 3 de la République française une et indivisible, sept heures du soir, à la réquisition du citoyen Soufflot, Inspecteur du Panthéon et en exécution d'une Lettre de la Commission exécutive de l'Instruction publique à lui adressée, en date du jour d'hier, dont copie certifiée restera annexée au présent, Nous Michel Parot, commissaire civil de la Section du Panthéon français, assisté du Secrétaire-Greffier, nous sommes transporté au monument du Panthéon et en avons fait extraire les restes de Marat, renfermés dans un cercueil de plomb couvert d'une caisse en bois, en présence du citoyen Soufflot et avons fait transporter le cercueil au cimetière ci-devant Geneviève, le plus prochain, et avons fait retirer le cercueil de plomb de la caisse en bois, l'avons fait déposer sur deux tréteaux pour être inhumé le plus tôt possible. La caisse en bois à été remise au citoyen Soufflot qui le reconnaît.

De ce que dessus avons dressé le présent procès-verbal et a ledit citoyen Soufflot signé avec nous et le Secrétaire-Greffier.

PAROT,   SOUFFLOT.
Commissaire.

DESGRANGES,
Secrétaire-Greffier.

Pourquoi, nous Commissaire civil soussigné, ordonnons qu'expédition du présent sera envoyée à la Commission exécutive de l'Instruction publique. Ce qui sera exécuté, et à la Commission de police administrative. (*Six mots rayés nuls.*)

PAROT,   DESGRANGES,
Commissaire.   Secrétaire-Greffier.

Il résulte de ces deux pièces, dont l'importance n'échappera point, que les restes mortels de Marat, loin d'avoir été profanés ainsi qu'on l'avait cru, ont reçu une sépulture convenable, et pour ainsi dire chrétienne.

Nous sommes heureux d'effacer authentiquement de l'*Histoire de Paris* la pensée d'une tache dont le souvenir des surexcitations du moment ne saurait atténuer le caractère odieux.

La populace, il est vrai, brisa la caisse de bois sur laquelle était inscrit le nom du *Père du Peuple*, mais elle ne toucha pas au cadavre qui fut inhumé dans un petit cimetière qui se trouvait à gauche de l'église Saint-Étienne-du-Mont et qu'on appelait autrefois le *cimetière des Clercs*.

Depuis, on a élevé des constructions et ouvert une voie de communication sur une partie de son emplacement. Si une exhumation générale avait lieu, on retrouverait le cercueil, confondu avec beaucoup d'autres peut-être, sans savoir le corps de quel personnage il a contenu.

Marat est donc resté cinq mois et cinq jours dans le *Temple des Grands Hommes!*

Un si court espace de temps avait suffi pour détruire la plus étonnante popularité dont, avec celle de Mirabeau, l'histoire de la Révolution offre l'exemple.

XIII.

Rien n'est éternel sur la terre! On l'a dit, et cela est vrai, surtout des passions politiques. Chaque époque amène ses tendances, ses points de vue. Les événements qui ont le plus fortement ému les esprits laissent froids et impassibles ceux-là mêmes qui, après y avoir pris une large part, en ont conservé le souvenir.

A l'enthousiasme pour Marat avait succédé l'indignation! A l'indignation succéda l'indifférence.

C'est dans l'ordre des choses!

D'ailleurs, les grands événements du temps : la disette, la crise des assignats, la réintégration des Girondins, l'insurrection du 12 germinal, le désarmement des patriotes, les traités de paix avec la Hollande, la Prusse, la Toscane, la soumission de la Vendée, les massacres de Lyon et l'assassinat du représentant Féraud, étaient venus distraire l'attention publique.

La Convention allait terminer sa session, et la France, bientôt triomphante sur tous les points, semblait prévoir, par une sorte d'intuition, l'épopée glorieuse qui devait clore le xviiie siècle.

La *mort*, les *funérailles, l'apothéose* de Marat et la *réaction* qui suivit les honneurs dont ses cendres furent l'objet, ne forment qu'un simple épisode de l'*Histoire de Paris à l'époque révolutionnaire*.

Si nous avons cru devoir nous y arrêter, c'est que, partisan de la vérité historique, éloigné tout autant des exaltations démagogiques que des tendances réactionnaires, nous considérons l'exactitude comme le premier devoir de l'historien. En signalant *une erreur* et en facilitant les moyens de ne la plus reproduire, nous croyons avoir rempli une honorable mission.

Notre travail n'a point d'autre but.

En outre, bien des détails relatifs à cette partie de l'histoire de Paris étaient passés sous silence : les principaux traits, seuls, étaient connus...

Nous pensons avoir comblé ces lacunes.

Puissions-nous avoir réussi.

Cette *Etude* n'est que la *Première partie* d'un travail qui portera pour titre : *Episodes de la Révolution.* Il comprendra *la Prison de la Force* et la *Princesse de Lam-*

balle; les Massacres de Septembre et *les Catacombes*, et se terminera par un aperçu général sur les morts illustres du *Cimetière de Picpus*, où repose le général de Beauharnais, grand-père de l'empereur Napoléon III.

Ce que nous projetons pour la Révolution, serait également utile à tenter pour les trois *Ordres* de *l'Ancienne Société Parisienne*, c'est-à-dire le *Clergé*, la *Noblesse* et le *Tiers-État*, comprenant les *diverses corporations* Civiles et Militaires, etc., etc. Les documents abondent. En recherchant la trace des principaux morts de chaque époque, on pourrait faire revivre les temps où ils ont vécu d'une sorte de résurrection historique. Nous nous bornons, aujourd'hui, à en émettre la pensée, et nous terminons cette esquisse du dernier jour et des *véritables funérailles* de Marat, par une courte notice biographique.

XIV.

Jean-Paul Marat est né en 1744, à Boudry, pays de Neuchâtel (Suisse), d'une famille d'origine espagnole.

Son véritable nom est *Mara*.

Sa taille était petite, sa bouche largement fendue, son regard incisif, sa tête énorme!

Une dartre squammeuse et rongeante contractée dans les souterrains où il avait dû se réfugier pour échapper à ses ennemis, lui avait envahi une partie du corps.

Son sang était décomposé, et depuis plusieurs mois avant sa mort, il ne menait qu'une vie languissante.

Le cerveau seul, volcan de lave incandescente, travaillait toujours.

On peut dire, sans chercher à excuser outre mesure Charlotte de Corday d'Armans, que son poignard ne hâta que de quelques jours une fin imminente.

Les démangeaisons du prurigo étaient telles que le malheureux ne sortait presque plus de sa baignoire.

On se rappelle que c'est là qu'il fut frappé.

Marat était instruit, savant même. Avant la Révolution, il remplissait les fonctions de Médecin des écuries du comte d'Artois, et il a publié des travaux assez importants (1).

(1) Voici la liste de ses principaux ouvrages :

Philosophie. — De l'Homme, ou des principes et des lois de l'influence de l'âme sur le corps et du corps sur l'âme. — *Amsterdam*, 1773, 3 vol. in-12.—Les chaînes de l'esclavage. *Londres*, 1774 ; *Paris*, 1792, 1 vol. in-8 ; *Paris*, 1833, édit. avec portrait.

Physique. — Découvertes sur le feu, l'électricité et la lumière ; *Paris*, 1779, in-8°. — Découvertes sur la lumière, constatées par une suite d'expériences nouvelles. *Londres*, 1780-1782, in-4°. — Recherches physiques sur le feu. *Paris*, 1780, in-8°. — Recherches physiques sur l'électricité. *Paris*, 1782, 1 vol. in-8°. — Œuvres de Physique. *Paris*, 1784, in-8°. — Notions élémentaires d'Optique. *Paris*, 1784, in-8°. — Lettres de l'observateur Bon Sens à M. de..., sur la fatale catastrophe de Pilastre des Rosiers, les Aéronautes et l'Aérostation. *Paris*, 1784, in-8°. — De l'Optique de Newton, traduction dédiée au Roi. *Paris*, 1787, 2 vol. in-8°, avec pl. — Mémoires académiques, ou nouvelles découvertes sur la lumière. *Paris*, 1788, in-8°. — Mémoire de M. le chevalier de Soycourt, sur les expériences données sur la chaleur, 1788.

Médecine. — Mémoire sur l'Électricité médicale. *Paris*, 1784, in-8°. — Observations de l'amateur Avec à l'abbé Saas sur la nécessité d'avoir une théorie solide et lumineuse avant d'ouvrir boutique d'électricité médicale. *Paris*, 1785, in-8°.

Romans. — Un roman de Cœur. — Aventures du jeune comte Potowski, roman de cœur. — Lettres polonaises (inédites).

Économie politique. Pamphlets. — Offrande à la Patrie, ou

Son style était brillant, coloré, énergique et d'une poésie sauvage ; sa parole, incohérente et diffuse, présentait une ardeur vivement sentie de la populace.

Il n'était pas méchant! Son rôle exigea qu'il fût cruel. Colère, haineux et fou, les souffrances, le chagrin, la misère, le portèrent à tous les excès au moment de

Discours au tiers-état. *Paris*, 1789, in-8°. — Projet de déclaration des droits de l'homme et du citoyen, suivi d'un plan de Constitution juste, sage et libre. *Paris*, 1789, in-8°. — Supplique aux Pères conscrits de ceux qui n'ont rien contre ceux qui ont tout. *Paris*, juin 1789. — Avis au peuple ou les Ministres dévoilés. *Paris*, 1789, in-8°. — Lettre de Marat au Roi. *Paris*, sans date, in-8°. — Dénonciation faite au tribunal public contre Necker. 1789, in-8°. — Nouvelle dénonciation. *Paris*, 1790. — Appel à la Nation. *Paris*, 1790, in-8°. — Vie privée et ministérielle de Necker. *Genève*, 1790, in-8°, (anonyme). — Relation fidèle des malheureuses affaires de Nancy. *Paris*, 1790, in-8°. — C'est un beau rêve, mais gare au réveil. *Paris*, 1790, in-8°. — Les charlatans modernes, ou Lettres sur le charlatanisme académique. *Paris*, 1791, in-8°. — Complot d'une banqueroute générale de la France, de l'Espagne et, par contre-coup, de la Hollande et de l'Angleterre, ou les Horreurs de l'ancien et du nouveau régime. *Paris*, 1792, in-4°. — Marat à Louis-Philippe-Joseph d'Orléans, prince français (sans lieu ni date). — Opinion sur le jugement de l'ex-monarque. *Paris*, 1793, in-8°. — Lettre de Marat à la Convention nationale, lue à la séance du 13 avril 1793, in-8°. — Lettre de l'Ami du Peuple aux Fédérés. *Paris*, 1793, in-8°.

Législation. — Plan de législation criminelle. *Paris*, 1787-1790, in-8°. — Une édition a paru sans date à *l'imprimerie de la veuve Marat, rue Marat, n° 30.* (Nous donnons, à la note A, quelques extraits de cette brochure qui est rare.) — Projet de constitution. *Paris*, 1790, in-8°.

Journalisme. — Le *Moniteur patriote.* 1789, in-8° (un seul numéro). — Le *Junius français. Paris,* 1790 (13 numéros). — *L'Ami du Peuple,* « journal politique et impartial », qui parut de septembre 1789 au 14 juillet 1793, sous les titres suivants : Le *Publiciste parisien*, le *Journal de la République française,* et le *Publiciste de la République française.*

En 1794, un prospectus annonça la publication en 15 vol. in-8° des *Œuvres politiques de l'Ami du peuple.* Il ne fut pas donné suite à ce projet.

sa puissance; mais il avait quelque délicatesse dans l'âme, était sensible à l'amitié, aimait le beau sexe, et se montrait galant à l'occasion (1)!

Chef d'un parti exalté, il dut marcher, alors peut-être qu'il eût préféré s'arrêter ; mais dans la crainte d'être dépassé et voulant rester le premier, il franchit les bornes du crime et de l'infamie.

En 1789, il se fit journaliste, fonda le journal *l'Ami du Peuple*, insulta le Roi, le Clergé, les Ministres, La Fayette ennemi du duc d'Orléans, et poussa la Révolution dans la voie des violences!

Ennemi personnel de Riquetti, marquis de Mirabeau, qu'il devait remplacer au Panthéon, il présenta à l'Assemblée un plan où il proposait « d'élever huit » cents potences dans les Tuileries pour y pendre tous » les traîtres en commençant par Mirabeau l'aîné. »

Dénoncé par les Girondins à la Constituante comme perturbateur de la paix publique et partisan de la dictature, il se réfugie chez Mlle Fleury, actrice du Théâtre-Français, qu'il avait autrefois aimée, ensuite chez Bassal, curé de Saint-Louis, à Versailles, et de là dans les caves du boucher Legendre et les cryptes de l'église des Cordeliers.

(1) Marat avait eu des prétentions nobiliaires. Le fait paraît bizarre. Les armoiries que nous offrons en tête de cette Etude ont été empruntées à l'excellente *Revue nobiliaire, historique et biographique*, publiée par M. Dumoulin, éditeur, quai des Grands-Augustins, 13. (1re année, p. 84-85). Elles ont été gravées d'après un cachet dont se servait Marat lorsqu'il était Médecin des Écuries du comte d'Artois : elles paraissent être de fantaisie, car on y remarque deux graves fautes de blason.

Poursuivi plus tard par ordre de l'Assemblée législative, il reparaît bientôt triomphant appuyé sur Danton et sur les Jacobins, prépare les massacres de Septembre, s'allie avec Robespierre, et se fait élire Député de Paris à la Convention. A son tour, il dénonce la Gironde, vote la mort du roi et traite les membres de la Majorité, qui lui résistaient, de « coquins, de gueux » déhontés, de Rolandistes », et ses adversaires « de c....., d'imbéciles, d'échappés des petites mai- » sons, etc. »

Voilà un faible échantillon de ses violences oratoires.

Mis en accusation le 13 avril 1793, il se cache de nouveau, se présente le 24 devant le *Tribunal révolutionnaire* présidé par Fouquier-Tinville qui l'acquitte, monte à la tribune couvert de lauriers, fait, le 2 juin, décréter vingt-sept députés d'accusation, et redevient tout-puissant.

Frappé peu de temps après, le 13 juillet, il fut l'objet, après sa mort, des honneurs divins et de la réaction inouïe dont nous avons présenté les tableaux.

Sa chute, qui ne précéda que de quelques mois celle des Jacobins, hâta la fin des excès dont rougit la Révolution. L'Assemblée, entraînée malgré elle dans une voie sanglante, se releva alors dans toute sa force, et prépara, avec le Directoire, l'avenir glorieux qui attendait la France sous le gouvernement de l'empereur Napoléon 1er.

,NOTE A, *page 44*.

EXTRAIT DU PLAN DE LÉGISLATION CRIMINELLE

Par MARAT, l'ami du peuple.

. . . .
. . . .

Des peines.

Il est de l'intérêt de la société qu'elles soient toujours proportionnées aux délits ; parce qu'il est de son intérêt qu'on évite
plutôt les crimes qui la détruisent, que les crimes qui la
troublent.

Punir avec rigueur une légère infraction des lois, c'est user
en pure perte le ressort de l'autorité : car si elle inflige des
peines rigoureuses aux petits délinquants, que lui restera-t-il
pour réprimer de grands scélérats? Voyez ces pays (le Japon,
par exemple) où les châtiments sont toujours affreux. Pour
retenir les hommes, sans cesse on y invente de nouveaux supplices ; or, ces efforts continuels de la barbarie, qui cherche à
se surpasser elle-même, ne sont-ils pas une preuve de leur
impuissance?

Punir avec rigueur une légère infraction des lois, ce n'est
pas simplement user en pure perte le ressort de l'autorité,
c'est multiplier les crimes, c'est pousser les malfaiteurs aux
derniers excès. Hé! quelle considération pourrait encore les
retenir? quoi qu'ils fassent, ils n'ont rien à craindre de plus.

Presque toujours l'atrocité des supplices s'oppose à l'exécution des lois : car lorsque la peine est sans mesure, on a en
exécration ceux qui dénoncent à la justice un malheureux qui
n'est coupable que d'un petit délit. D'ailleurs, il est peu d'âmes
assez cadavéreuses pour se résoudre à livrer ce malheureux à
une mort certaine.

La peine n'étant pas plus rigoureuse pour de noirs forfaits

que pour de légères offenses, bientôt il s'y abandonne; et en aggravant le crime, souvent il s'assure l'impunité. « En Moscovie, où la peine des voleurs et des assassins était la même, en volant on assassinait toujours : les morts, disait-on, ne racontent rien. » La même chose arrive en France, où l'on ne fait pas subir une moindre peine à celui qui vole sur le grand chemin qu'à celui qui vole et assassine.

Enfin, la peine paraissant trop dure aux yeux des juges mêmes; quand ils ne peuvent l'adoucir, pardonner devient nécessaire, et les lois tombent dans le mépris.

S'il est de l'équité que les peines soient toujours proportionnées aux délits, il est de l'humanité qu'elles ne soient jamais atroces : aussi les punitions les plus douces sont-elles à préférer lorsqu'elles atteignent le but.

En punissant le coupable, la justice doit moins chercher à venger la loi violée qu'à retenir ceux qui pourraient être tentés de la violer. Quoi! serons-nous donc toujours des barbares? Qu'y avons-nous gagné? Les crimes dont les châtiments font frémir en sont-ils devenus moins communs?

C'est une erreur de croire qu'on arrête toujours le méchant par la rigueur des supplices : leur image est sitôt effacée! Mais les besoins sans cesse renaissants d'un malheureux le poursuivent partout. Trouve-t-il l'occasion favorable, il n'écoute que leur voix importune, il succombe à la tentation. La vue même des supplices n'est pas toujours un frein suffisant; combien de fois n'a pas été commis au pied de l'échafaud le crime pour lequel un malfaiteur allait périr (1) !

L'impression que produisent les supplices cruels, toujours momentanée, devient nulle à la longue : d'abord leur appareil jette la terreur dans les esprits, mais on s'y familiarise insensiblement; quelque affreux qu'ils paraissent, bientôt l'imagination s'y fait, et cesse enfin d'en être frappée; l'habitude émousse tout, jusqu'à l'horreur des tourments.

Après ce qui vient d'être dit, si l'on tenait encore à ce prétendu frein, j'ajouterais que l'exemple des peines modérées n'est pas moins réprimant que celui des peines outrées, lorsqu'on n'en connaît pas de plus grandes.

Voyez les lois pénales des différents peuples, comme elles prodiguent la peine de mort !

En rendant les crimes capitaux, on a prétendu augmenter

(1) Il y a 22 ans qu'une bande d'assassins s'était réfugiée dans l'enceinte même des fourches patibulaires de Toulouse.

la crainte du châtiment, et on l'a réellement diminuée. Punir de mort, c'est donner un exemple passager, et il faudrait en donner de permanents.

On a aussi manqué le but d'une autre manière. L'admiration qu'inspire le mépris de la mort que montre un héros expirant : un malfaiteur souffrant avec courage, l'inspire aux scélérats déterminés. Mais adoptez qu'il se repente : le voyant mourir avec cette contrition qui assure la félicité éternelle par le pardon des péchés, ils pèchent afin que la grâce abonde. Ainsi, en s'abandonnant au crime pour satisfaire leurs funestes penchants, ils se flattent d'échapper à la justice : ou s'ils ne peuvent se promettre l'impunité, le châtiment sera de courte durée, et la récompense sera sans fin. Pourquoi donc continuer, contre les cris de la raison, et les leçons de l'expérience, à verser sans besoin le sang d'une foule de criminels !

Les peines doivent être rarement capitales. En les infligeant, ce n'est pas assez de satisfaire à la justice, il faut encore corriger les coupables.

S'ils sont incorrigibles, il faut faire tourner leur châtiment au profit de la société. Qu'on les emploie donc aux travaux publics, aux travaux dégoûtants, aux travaux malsains, aux travaux dangereux.

. . . .

Dans l'infliction des peines, on doit autant chercher à réparer l'offense qu'à l'expier. Tirer du délit le châtiment, est donc le meilleur moyen de proportionner la punition au crime.

Si c'est là le triomphe de la justice, c'est là aussi le triomphe de la liberté, parce qu'alors, les peines ne venant plus de la volonté du législateur, mais de la nature des choses, on ne voit point l'homme faire violence à l'homme......

CONCLUSION.

. . . .

Lorsque l'accusé est convaincu, c'est au président, organe de la loi, à prononcer la peine qu'elle statue contre le crime imputé, et à passer sentence sur le coupable.

Reste à rendre son supplice exemplaire. J'allais ajouter ......Mais j'entends la voix de la nature gémissante, mon cœur se serre, et la plume me tombe des mains.

FIN.

PREUVES A L'APPUI :

Registres Mss. des prisons de la Seine, et collections Mss. des *Archives de la Préfecture de police.* — *Moniteur universel* (réimpression) t. 17, 18, 19, 20, 21, 22, 23, 28, 29. — Thiers, Louis Blanc, Michelet, *Histoire de la Révolution française.* — Timon, le *Livre des Orateurs.*— M. le baron C. Poisson, *L'Armée et la Garde nationale*, t. 4. — *Biographies* : Boisjolin, Feller, Michaud, Didot. — Prudhomme, *Histoire des Révolutions de Paris*, t. 18, — Mathon de la Varenne, *Histoire de la chute du trône.* — Peltier, *Histoire du* 10 août. — *Histoire de la guerre civile en France*, de 1789 à 1799. — F. Barrière *Mémoires* sur les journées de Septembre 1792. — *Etat des dépenses de la Commune* pendant les journées d'août et de septembre 1792 (*Archives de la Préfecture de la Seine*). — Barthélemy Maurice, *Histoire des prisons de la Seine.* — Montjoye, *Almanach des honnêtes gens* (*Liste des massacres de septembre*). — A. de Lamartine, *Histoire des Girondins.* — Granier de Cassagnac, *Histoire du Directoire.* — De Gaulle, Th. Lavallée, *Histoire de Paris.* — Mercier, *Nouveau tableau de Paris.* — Charles Nodier, *Paris historique.*— De Guilhermy, *Itinéraire archéologique.* — M. le marquis de la Borde, *Archives de la France pendant la Révolution.* — J. M. Quérard, la *France littéraire.* — A. Challamel, *Musée de la République.* — Le Grand d'Aussy et de Roquefort, *Des sépultures royales et particulièrement de celles des rois, reines, princes et princesses français.* — Descloseaux, *Liste des* 1343 *victimes exécutées du* 26 *août* 1792 *au* 13 *juin* 1794, *à la place Louis XV.* — *Almanach des prisons.* — *Chronologie* du président Hénault. — Journaux : *Le vieux Cordelier*, le *Père Duchesne*, l'*Ami du Peuple* ; l'*Autographe*, n° du 4 octobre 1864. — Hatin, *Histoire de la presse.* — Marat, *Les chaines de l'esclavage ; de l'Homme ; Plan de législation criminelle ; Lettre à la Convention* (Bibliothèque de l'Institut). — Voltaire, *Mélanges littéraires*, t. 1. — Fabre d'Églantine, *Portrait de Marat.* — Caillot, *Voyage sentimental dans les quatre cimetières de Paris.* — Rorbacher, *Histoire de l'Église universelle*, t. 29. — *Revue nobiliaire, historique et biographique* (Dumoulin, Éd.). —Chéron de Villiers, *M.-A. Charlotte de Corday d'Armont.* — Mortimer-Ternaux, *Histoire de la Terreur.* — *Documents particuliers.*

TABLE DES MATIÈRES.

FIN DE LA TABLE.

Paris. — Imp. de E. Donnaud, rue Cassette, 9.